Andreas Sebastian Stumpf

Eulogius Schneider's Leben und Schicksale im Vaterlande

Andreas Sebastian Stumpf

Eulogius Schneider's Leben und Schicksale im Vaterlande

ISBN/EAN: 9783743483668

Hergestellt in Europa, USA, Kanada, Australien, Japan

Cover: Foto ©ninafisch / pixelio.de

Manufactured and distributed by brebook publishing software (www.brebook.com)

Andreas Sebastian Stumpf

Eulogius Schneider's Leben und Schicksale im Vaterlande

Eulogius Schneiders

Leben und Schiksale

im Vaterlande.

Frankfurt am Main 1792
bei Wilhelm Fleischer.

Vorrede.

Auſſer Rouſſeau, Bahrdt, Moſer, Schubart und Weikard haben wohl wenige Sterbliche ſo offenherzig und aufrichtig von ſich ſelbſt geſchrieben, daß man ihre Biographien für zuverläßige Nachrichten, oder für ächte Beiträge zur Geſchichte des menſchlichen Verſtandes und Herzens halten kann. Ja, ſelbſt dieſen Männern, die doch ſo ganz die Sprache ihres Herzens geſchrieben zu haben ſcheinen, machet man den Vorwurf, daß ſie ſich ihren Mitmenſchen in einer erborgten Larve gezeigt, und die wahren Triebfedern und Beweggründe ihrer Handlungen verheimlichet hätten: man beſchuldigt ſie, wahrſcheinlich nicht ohne Grund, daß ſie mehr einen ſchönen Roman, als eine Geſchichte ihres Lebens, ihrer Meinungen und Schikſale entworfen hätten.

Und wen soll das wundern? da der Mensch oft nur obenhin einen Begriff von seinen Tugenden und Fehlern hat, da er sich nicht selten selbst ein Fremdling ist, da er selten vermag, sich mit kaltem Blute zu beobachten. — Sein ganzes Herz, und alle Heimlichkeiten desselben verstehen, das heißt Selbstkenntniß, und dazu, denke ich, gehöret schon viel, sehr viel, denn die Eigenliebe blendet uns gar zu leicht und sehr: sie macht das Gute, das an uns ist, so groß und so vollständig, daß wir immer innigst mit uns selbst zufrieden sind, so wenig wir es auch oft Ursache haben; dagegen macht sie alle unsere Fehler und Mängel vor unseren Augen so klein und unbemerkbar, daß wir wenig darauf achten, so sehr wir es auch meistentheils Ursache hätten. Und von dieser Eigenliebe, von diesem Zauber können sich auch Männer nicht frei machen, denen es übrigens voller Ernst seyn mag, den Schatten zugleich mit dem Lichte zu zeichnen, oder ihre Fehler eben so treu und unpartheiisch, wie ihre Vorzüge, darzustellen.

Wenn aber Männer, die Gelegenheit hatten, dergleichen merkwürdige Menschen in der Nähe und Ferne, aus eigenem Umgange, und aus dem Munde ihrer Freunde und Vertrauten kennen zu lernen, unternehmen würden, der Welt sie in ihrer wahren Gestalt zu zeigen: wenn sie, gleich weit entfernt vom Vorurtheile, wie von knechtischer Anbetung und Schwärmerei, das Gemälde entwürfen, könnten, sage ich, diese nicht gerechtern Anspruch auf Glaubwürdigkeit machen, als die Helden der Geschichte selbst? — zumal, wenn die Biographen weder bei Vergrößerung, noch Verkleinerung der Originalien ein Interesse hätten. — —

Ich will es wagen, der teutschen Welt einen Mann in seiner ursprünglichen, wahren Gestalt zu zeigen, einen Mann, dem es bisher gelungen ist, einen großen Theil unseres teutschen Vaterlandes, vielleicht auch manche Bewohner benachbarter Reiche und Staaten auf sich aufmerksam zu machen, einen Mann, der von seinen Freunden und Anhängern in den Himmel erhoben, von Schwärmern vergöttert, von seinen Feinden und ihren Miethlingen verläumdet, gelästert, und auf die unedelste Art mißhandelt wurde.

Dieser Mann ist **Eulogius Schneider**; er hat sich seit einigen Jahren durch litterarische Produkte sowohl, als durch seine Verfolgungen und Abentheuer bekannt gemacht: jedes litterarische und politische Journal hat von seinen Handlungen und Schiksalen Nachricht gegeben, keines davon geschwiegen. Ich habe mir viele Mühe gegeben, den ganzen Mann kennen zu lernen, und ich glaube es sei mir nach Wunsch gelungen; ich habe mir von seinen Schülern und Mitschülern, Landsleuten und Ausländern, Freunden und Kollegen zuverläßige Nachrichten gesammelt, und ich trage kein Bedenken, dieselben öffentlich durch den Druk bekannt zu machen, um die Ehre des Mannes, soviel es möglich ist, von falscher, unbesonnener Verläumdung zu retten.

Ich gehöre weder zu den Orthodoxen, die sein Neuerungsgeist erbittert, noch zu den Domherrn, die er durch seine Gedichte beleidigt, noch zu den Feinden der Freiheit, der er sich in die Arme geworfen hat: ich bin ein stiller, zufriedener Weltbürger, gehöre zu keiner Parthei, wenn es nicht jene der Kosmopoliten ist, die, wie Wieland sagt, ohne Verabredung, ohne Ordenszeichen, ohne Loge zu halten, und ohne durch Eidschwüre gefesselt zu seyn, eine Art von Brüderschaft ausmachen, welche fester zusammenhängt, als irgend ein Orden oder eine Gesellschaft in der Welt. Ich habe also meinen Helden beurtheilt, ohne auf irgend Etwas Rüksicht zu nehmen; ich habe ihn dargestellt, wie ich ihn gefunden habe. Habe ich Unwahrheiten geschrieben, so bitte ich seine Freunde sowohl, als auch ihn selbst, die Welt und mich darüber aufzuklären; habe ich Wahrheiten geschrieben, so wird der Ruhm meines Helden nichts dabei verlieren, wenn er nicht überall als Engel, wenn er auch als — — Mensch erscheint.

Schneiders Portrait.

Ehe ich die Geschichte meines Helden anfange, will ich sowohl für diejenigen, die niemals das Glück hatten, ihn persönlich kennen zu lernen, als auch für solche, die nach des frommen Lavaters Manier und Lehre den Geist nach dem Körper messen, sein Portrait nach aller mir möglichen Genauigkeit entwerfen.

Schneider ist von mittelmäßiger Größe, hat einen untersezten, fetten und starken Körper, der manchen Pasquillanten ein Stein des Anstoßes war, denn Pharisäer lieben die bleiche Farbe und hagere Körper als unverkennbare Spuren der Heiligkeit; er hat eine offene, einnehmende Miene, ein volles Gesicht, das Gepräge der glühenden Mannheit, große, frei umherrollende Augen, eine eben nicht sehr hohe, mit Haaren leicht bedekte Stirne, ein halb schwarzes, halb graues Haar, das ihm lang über den Rüken hinunterhängt, einen großen, blauen Bart, der mit dem starken Bakenbarte ihm mehr ein militärisches, als priesterliches Aussehen gibt; seine Nase könnte wohl etwas größer seyn; der Mund ist nicht zu weit und nicht zu enge, die Lefzen sind eben so wohl und verhältnißmäßig gebildet.

Das angenehme Vorurtheil, das man beim Anblike des vortheilhaft gebauten und organisirten Körpers von seinem Karakter und von seinem Geiste faßt, verlieret sich nicht nur nicht, wenn man mit ihm vertraut wird, sondern geht vielmehr in Ueberzeugung über, daß man sich nicht getäuscht habe.

Er ist ein angenehmer, besonders in Gesellschaft von Damen überaus artiger Gesellschafter: besizt einen unerschöpflichen Wiz, und es fehlt ihm nie an Stoff, Freunde und Freundinnen zu unterhalten. Seine Ideen verrathen ungewöhnlichen Scharfsinn: sein Urtheil über alles, was in sein Fach einschlägt, ist hurtig, und doch meistens zuverläßig; er hat vorzügliche Talente zum Dichter, Redner und Philosophen, und ein ausserordentliches ästhetisches Gefühl. In seinen Entschlüssen zeigt sich Kühnheit und Kraft, vielleicht auch manchesmal Stolz und Unbesonnenheit; hat er einmal einen Gegenstand gefaßt, so verfolgt er ihn mit anhaltender, unermüdeter Standhaftigkeit. In Gefahren ist sein unerschrokener und gesezter Muth mit einer bewunderungswürdigen Kaltblütigkeit vergesellschaftet. Er ist Epikuräer im ächten Sinne des Wortes, kein Wollüstling, wie ihn Pasquillanten schilderten: er hat strenge Moral im Kopfe, und übt sie auch in seinen Handlungen aus: er ist thätiger Menschenfreund und Kosmopolit. Sein Durst nach Unsterblichkeit weket seinen Geist zu rastlosen Arbeiten, aber auch zu Thorheiten und lächerlichen Abentheuern auf.

Das wäre also des Mannes Bild, dessen Geschichte wir nun hören werden; es ist nach der Natur gezeichnet.

Schneiders Geburt.

Johann Georg Schneider wurde im Oktober des Jahres 1756 zu Wipfeld, einem kleinen, fünf Stunden von Wirzburg in Franken gelegenen Dorfe gebohren. Die Lage dieses Dorfes soll, wie mein Korrespondent versichert, nicht unangenehm seyn, doch den vielen, vortreflichen Gegenden in Frankenland nicht beikommen. Der Main fließt bei dessen traubenreichen Hügeln vorbei und bildet gerade gegen über eine ziemlich große Insel. Die Einwohner haben wenig Akerbau, geringe Viehzucht, und bearbeiten blos ihre Weinberge: daher kömmt es, daß sie meistentheils mit der Noth ringen müssen, daß in dem Dorfe wenige wohlhabende oder reiche Leute sind, weil der Weinbau selten gut gerathen will.

Schneiders Vater war ebenfalls ein Winzer, und nicht wenig stolz darauf, ein Mitglied des Dorfgerichtes zu seyn: vielleicht bildete sich mancher Senator zu Rom auf seine Würde nicht so viel ein, vielleicht noch weniger, als dieser teutsche Senator im Dörfchen. Er hatte wenig Vermögen geerbt, aber desto reicher war er an Kindern; von Natur leichtsinnig verschwendete er nach und nach seine wenigen Güter, oder ließ sie durch Nachläßigkeit zu Grunde gehen; so mußten nothwendiger Weise seine Kinder verarmen, und als sie erwachsen waren, mit Vater und Mutter zugleich durch schwere, ununterbrochene Arbeiten sich Brod gewinnen helfen, das noch dazu sparsam genug ausfiel, wenn Misjahre oder Theurung entstanden.

Der Adel, so dachte oft der Alte, kann sich, wenn er alles, sei es durch Unglük oder eigene Schuld verloren hat, doch noch auf sein Papier ernähren, aber wir Bauern, wir arme Geschöpfe müssen dann betteln, und wenn man uns die milde Gabe versagt, verhungern — doch Gott hat's so gemacht: es geschehe sein Wille! —— Guter Alter!

Schneiders erste Erziehung.

Schneider wurde, wie ich schon gesagt habe, 1756 geboren. Damals sah es in Teutschland überhaupt, besonders im katholischen Theile desselben, mit der Erziehung der Jugend in den Städten sowohl, als auf dem Lande sehr übel aus. Man hatte noch keine Männer, wie Basedow, Campe, Salzmann, Weiße, Rochow u. a. m. Männer sind, welche die Nation, oder doch den wichtigsten Theil derselben, auf das Bedürfniß und auf die Pflicht einer bessern physischen und moralischen Erziehung aufmerksam gemacht haben, und selbst zur großen Reformation wohlthätige Hände boten. Aber hätten auch solche Männer damals gelebt, man hätte ihre Stimme nicht gehört: sie hätten wenigstens im katholischen Teutschlande ihr Glük nicht gemacht; sie wären dem Kerker, vielleicht gar dem Scheiterhaufen nicht entronnen, denn es lebte und webte noch die Zunft der Lojoliten mit und ohne Tonsur in ihrer völligen Stärke; ihre Kraft war noch nicht gelähmt, Finsterniß war ihr Element, sie konnten kein Licht ertragen, und gaben sich unaufhörlich Mühe, die Binde, welche sie um die Augen ihrer Mitmenschen gewunden hatten, zu befestigen. — —

Auch in Franken gab es dergleichen Geschöpfe: die Erziehungsanstalten in den Städten, wie auf den Dörfern, auf Gymnasien und Universitäten, waren ganz in ihren Händen, und sie benuzten diesen Vortheil weißlich, und wie überall, nach dem Zweke ihres Ordens.

Die Schuldienste auf dem Lande wurden zur ewigen, unauslöschlichen Schande der Menschheit und des Jahrhunderts öfters dem aufgetragen, welcher am wenigsten für seine Mühe und Arbeit foderte: so geschah es, daß Stubenheizer, oder sonst unterthänigst gehorsamste Kreaturen irgend eines Edelmannes, geistlichen oder weltlichen Rathes, Handwerksleute, die zu unwissend und zu träge waren, um sich auf eine ehrbare Art ernähren zu können, den Unterricht der Jugend auf sich nahmen, und ihr mit dem Prügel in der Hand, als mit dem Zeichen ihrer Schulmonarchenwürde, versteht sich, die heilsamsten Lehren einflößten. Doch — — jeder Menschenfreund wird sich mit mir freuen, daß die Zeit solcher Barbarei auch in Franken glüklich vorüber ist. Wenige von den katholischen Staaten (ja, vielleicht keiner!) können sich solcher vortreflichen Erziehungsanstalten rühmen, wie das Fürstbißthum Wirzburg es kann. Adam Friedrich, der vorige Fürstbischof, geborner Graf von Seinsheim, legte den Grund dazu durch Anlegung eines Seminariums für Schullehrer, und der gute, weise Franz Ludwig, geborner Freiherr von Erthal, ein Fürst, den wenige seiner Unterthanen, wie er es verdient, zu schätzen wissen, vollendete das wichtige Werk, das ihn der Krone der Unsterblichkeit würdiger macht, als seine Mitfürsten ein glänzender, wollüstiger Hof! —

Die Erziehung unseres Helden, da er unter einem damals so finsteren Himmel geboren wurde, war also nicht vortheilhaft für ihn: seine Fähigkeiten wurden nur langsam entwikelt und reife, darum mußte er sich in der Folge seines Lebens selbst Bahn brechen, und auf eigenen Wegen wandeln. Er wuchs auf, lief mit den übrigen Geschwistern und den Kindern der Nachbarn im Dorfe herum, kletterte, wie er selbst sagt, auf Bäumen und in Büschen herum, um die Vögel und ihre Nester zu belauschen . . . genoß, damit ich mit wenig Worten alles sage, alle Freuden der Kindheit und Unschuld.

Seine Aeltern freuten sich, als abergläubische Leute, ungemein, daß ihr Sohn unter der Regierung eines so günstigen Planeten geboren war, der nichts weniger als Kardinals-
hüte,

hüte, Bischofsstäbe und Prälatenmützen, Ordensbänder und Sterne, Gold und Silber im Ueberflusse verspricht: sie sahen schon den künftigen Kardinal, Bischof und Prälaten im Geiste, und weinten vor lauter Freude. Der Knabe wurde listig und muthwillig, und übertraf an List und Muthwillen seine übrigen Geschwister: er spielte immer seine Rolle, wenn es um Mein und Dein zu thun war, — — auch das machte seinen Aeltern Vergnügen, denn daran, dachten sie, erkenne man, daß er wirklich Talent habe; sie träumten in ihm den Trost und die Stütze ihres künftigen Alters aufblühen zu sehen; sie wurden nach und nach ganz in süße Hofnungen eingewiegt, und waren daher nicht zufrieden, das liebe Söhnchen in der gemeinen Dorfschule unterrichten zu lassen: sie übergaben es dem Kaplane oder Gehülfen des Pfarrers im Dorfe, einem Mönche aus einer nahgelegenen Abtei, und dieser nahm den Zögling willig an.

Der Mann hatte einen ziemlich gesunden Verstand, ob er gleich nicht zum Reformator geboren war; er unterrichtete den Knaben in den Anfangsgründen der lateinischen Sprache, und brachte ihm auch die ersten Grundsätze der

B

vaterländischen Religion, vermutlich ziemlich troken und im Tone eines Professors der Dogmatik bei. Unser Held zeigte wirklich Talente: er lernte leicht, was ihm sein Lehrer vortrug, und hatte nebst dem auch ein glükliches Gedächtniß: er bedurfte mehr des Zaumes, als der Peitsche. Die Freude seiner Aeltern darüber wuchs mit jedem Tage; sie sahen ihren Sohn schon aus der niedern Volksklasse emporgehoben, dem Ziele ihrer und seiner Wünsche näher. — — Ach! die guten Leute ahndeten nicht, daß die gehofte, so sehnlich gewünschte Zeit, für sie eine Zeit des Jammers und des Elendes seyn würde: sie sahen den Himmel, so weit ihr Gesichtskreis reichte, so heiter, so hell, und dachten nicht, daß es möglich sei, daß eben dieser Himmel mit finstern Gewitterwolken könne überzogen werden!

Schneider auf dem Gymnasium.

Als endlich der Knabe seinem hochwürdigen Lehrer tauglich und vorbereitet genug schien, den Mantel mit Ehren tragen zu können, so schikte man ihn nach Wirzburg, damit er da seine Studien, das heißt, die Erlernung der lateinischen Sprache, fortsetzen könnte; denn nach der damaligen, vielleicht auch noch jetzigen Einrichtung des dasigen Gymnasiums, und anderen katholischen Gymnasien und Helenschulen, lernten die Zöglinge fünf Jahre lang nichts, als die lateinische Sprache: am Ende verstanden sie doch nicht einmal dieselbe, viel weniger waren sie mit dem Geiste derselben vertraut. Lateinische Verse zimmern, und Aufgaben ohne Schnitzer verfertigen — das waren die Haupteigenschaften eines Jesuitenschülers.

Schneider war nun Student, denn er trug einen Mantel: seine Aeltern konnten ihn wenig unterstützen, er mußte also Wohlthäter aufsuchen, welche die Stelle seiner Aeltern vertreten sollten, und er fand sie; sie waren ihm Vater und Mutter.

(Das Spital zu Wirzburg, das man von seinem Erbauer und Stifter, dem Bischofe Julius Echter von Mespelbrunn, das Juliersspital nennt, und sowohl dem Gebäude nach, noch weit mehr aber als Krankenanstalt betrachtet, einzig in seiner Art, wenigstens in Teutschland war, und es noch mehr durch den Vater Franz Ludwig geworden ist, ernähret zwar eine Anzahl Studenten, denen sieben Jahre lang alle Bedürfnisse, Speisen, Kleider und Bücher gereicht werden: es nimmt aber keinen auf, der nicht vorher durch eine Prüfung würdig befunden worden.)

Schneider wurde endlich müde vom Allmosen, das er täglich sammeln mußte, zu leben; er gab sich daher Mühe, in das Spital aufgenommen zu werden, und es gelang ihm: er hielt die Prüfung aus, und wurde aufgenommen.

Frühe schon äusserte er eine Fertigkeit im Versemachen, und damit brachte er auch seine meiste Zeit zu, so lange er am Gymnasium war. Ob in diesen jugendlichen Versuchen schon poetisches Verdienst lag, weiß ich nicht: das mögen seine Schulfreunde, und seine Mäzenaten und Patronen wissen, deren Tugenden und Untugenden er ums Geld besang, und die Mädchen, deren rosigte Wangen, niedliche Füße, alabasterne Hände, funkelnde Augen, schwarze oder blonde Haare — und wie die Dinge alle heißen — ihn begeisterten; oder die Musen, die dem jungen Dichter beistehen mußten, wenn er irgend ein Kindchen in Prosa oder Reimen zur Welt bringen wollte.

Schneider machte teutsche Verse und Reimen, — das war in den Augen der Jesuiten ein nicht geringes Verbrechen: er tichtete diese Verse und Reime auf Gegenstände, welche unter die unerlaubten gehörten, auf Mädchen, auf den Bruder Bachus, auf....

Diese beiden Laster, theils auch seine wirklichen Ausschweifungen veranlaßten, daß er vor der bestimmten Zeit aus dem Spital gejagt wurde.

Da er sich nun selbst überlaffen war, gab er seinem Hange zur zügellosen Freiheit nach: ohne ihn wurde in keiner Schenke gezecht, ohne ihn an keinem Tische gespielt, ohne ihn kein akademischer Bubenstreich verübt. Er würde aus Mangel an Geld, an Unterstützung von allen Seiten seines liederlichen Lebens bald haben ein Ende machen müssen, allein ein Professor der untern Schulen erbarmte sich seiner, und vertraute ihm Studenten zum privaten Unterrichte an: von diesen bekam er monatlich einige Thaler, und so konnte er ohne Scheu sein ausschweifendes Leben fortsetzen; gleichwohl machte er dabei nicht wenig Schulden. Seinen Aeltern erpreßte er manchen Gulden, den sie mit Mühe und Schweiß er-

rungen hatten, an dem noch die blutige Thrä-
ne hieng. Er trieb seine Ausschweifungen imm-
mer weiter, vernachläßigte sein Studiren,
und handelte, ohne einen Blik auf die Zukunft
zu werfen, gerade fort.

Nach vollendetem Kurse der Philosophie
wurde er Jurist, hörte aber gleichwohl keine
Vorlesungen über die Rechte, schwärmte einige
Monate in der Stadt herum, und gieng endlich nach Hause. Da brachte er es nun so-
weit, daß er, selbst aus seinem Geburtsorte,
durch gerichtlichen Zwang vertrieben wurde,
damit er ferner nicht mehr die unangestekten
und unverdorbenen Söhne und Töchter der
Bauern anstekken und verpesten könnte. Er
begab sich hierauf nach Volkach, Dettelbach,
welches zwei kleine Städtchen einige Stunden
von Wirzburg in der Nähe von Wipfeld sind,
allein auch hier wollte man ihn nicht lange
dulten: er hatte kein Geld, und sah nun vor,
daß er auch bald kein Obdach mehr haben
würde. Er fluchte seinem Schiksale — wollte
verzweifeln, aber als er lange genug seinem
Schiksale geflucht, lange genug den Gedanken
der Verzweiflung mit sich herum getragen hatte, da entschloß er sich — ein Mönch zu wer-

den. Die Mönche sind mit allem zufrieden, sie nahmen ihn, ob er gleich allgemein berüchtigt war, mit offenen Armen auf.

Schneider versöhnte sich mit seinem Schiksale, und beschloß bei sich, mit seinen weltlichen Kleidern auch den alten Menschen auszuziehen: er hatte schon über Pfaffen und Katholizismus, über Heilige, Engel und Teufel sich lustig gemacht, und den Reformator im Kaffehause und auf Bierbänken gespielt, allein nun kam die Reue; er wollte als ein neuer Mensch dem seraphischen Orden, zu dem er aufgenommen war, und der Kapuze Ehre machen.

Deswegen wollte er auch von seinen Freunden und der Welt einen feierlichen Abschied nehmen, und noch einmal die Freuden, welche sie bietet, in vollen Zügen einschlürfen; er veranstaltete deswegen ein Abschiedsfest, und foderte seinen Vater auf, den lezten noch unverpfändeten Weinberg zu verpfänden. Es geschah, und als er den vollen Kelch der Freude und der Wohllust bis auf den lezten Tropfen geleeret hatte, dann beurlaubte er sich und reißte nach Bamberg ab, um allda im Kloster der sogenannten braunen Franziskaner das Noviziat des Ordens anzutreten.

Schneider im Kloster.

Schneider war zwanzig Jahre alt, als er Mönch wurde. Die Mönche, könnte man sagen, haben ihn dem Elende und der Verzweiflung entrissen: ohne sie wäre er schon längst ein Opfer seiner Lebensart geworden; er mußte bei ihnen Ordnung, Mäßigkeit und Enthaltsamkeit lernen, Tugenden, die ihm vorher ganz unbekannt waren; er hätte das, und noch mehr immer bedenken sollen, es hätte seinem Herzen wahre Ehre gemacht: aber, wie dankbar, wie eingedenk der Wohlthat er war, das beweisen seine Gedichte, und die darinn enthaltenen Lobreden auf die Mönche, wo er sie mit den Schweinen in eine Reihe setzet. — —

Seine Aeltern, die lange dem traurigen Schauspiele zugesehen, lange ihren Sohn, von dem sie ehemals so angenehm geträumt, im äussersten Elende und Verderben gesehen hatten, waren tief darnieder gebeugt, aber es kam ihnen, wie ein Strahl vom Himmel, die Nachricht von dem jähen Entschlusse ihres Sohnes; sie begleiteten ihn mit Jauchzen und Frohloken ins Kloster. Sein Vater warnte ihn noch beim lezten Kuße, nun sein Glük nicht mehr zu verscherzen; denn der liebe Mann zitterte bei dem Gedanken, sein Sohn werde sich der Welt und ihrer Freuden nicht entwöhnen können, die rauhe Hülle wieder abstreifen, und sich noch einmal dem Elende Preis geben, dem er nun mit genauer Noth entronnen war.

Auch ein Kapitel über die Mönchsgelübde.

Als das Noviziat oder Probejahr vorbei war, legte Schneider die feierlichen Gelübde des Ordens ab.

I. Das Gelübde der freiwilligen Armuth.

Das heißt: er wolle nie ein Eigenthum haben, und sich immer mit dem einfachen Gebrauche begnügen: oder in mein Teutsch übersezt: er wolle, wenn er meine volle Flaschen ausgeleert habe, sich mit dem einfachen Gebrauche begnügen, und mir ferner das Eigenthumsrecht darüber zugeben. —

II. Das Gelübde der Keuschheit.

Das heißt: er wolle mit keinem Weibe sich ehelich, wie andere ehrliche Leute verbinden,

sondern mit schönen Mädchen und jungen Witt=
wen sich begnügen.

III. Das Gelübde des Gehorsams unterm
geistlichen Obern.

Das heißt: er wolle nach dem Kommando
des Pater Guardian, wie der Soldat nach dem
Kommando des Korporals gehen, nichts den=
ken, als was der Pater Guardian denkt,
nichts reden, als was der Pater Guardian
zu reden erlaubt.

Ich getraue mir in optima forma zu be=
weisen, daß Schneider die zween ersten Ge=
lübde pünktlich erfüllet habe, so lange er
Mönch war, und die Uniform des heiligen
Franziskus trug.

Schneiders fernere Geschichte im Kloster.

Schneider wurde während seines Mönch=
seins nach Augsburg und Salzburg verschikt,
so wie es die Laune des hochehrwürdigen Pa=
ter Provinzials wollte.

Die Mönche brachten in seinem Kopfe eine
völlige Revolution hervor; er fieng an, das

Wesen der Mönche lieb zu gewinnen, oder, wie man sagt, sich zu bekehren: es wurde ihm völliger Ernst, ein Heiliger zu werden und Wunder zu wirken. Oft betete er mit heiliger Wohllust so recht aus Leibeskräften, trug härene Zilizien, und was des Zeugs noch mehr ist, geisselte sich manchesmal nach löblichem Gebrauche des Ordens, und es kitzelte ihn ungemein, wenn auch Blut von seinem Rüken herabrinnte.

Feurige Andacht, sagt Weikard, gewähret eine Art Wohllust. Man rechne noch hinzu ein bißchen Stolz und Eigenliebe, die sich doch immer mit unter so heilige Uebungen der Andacht mischen, wobei man sich Gott wohlgefälliger dünket, als andere Kinder Adams.

Ich denke, der Mann, der so spricht, habe recht; die jungen und alten Mönche, die jungen und alten Nonnen martern sich aus Wohllust. Ueberhaupt scheint es mir eine auffallende Wahrheit zu seyn, daß der Mensch bei allen seinen Handlungen und Projekten allezeit nur auf angenehme Gefühle, oder, welches mir einerlei ist, auf Wohllust Jagd machet. Der Epikuräer, der die Welt genießt und nach dem Tode nichts mehr hoft, und der

Mönch, der die Welt verachtet, gehen im Grunde auf Erreichung eines Zwekes aus, auf angenehme Gefühle; der einzige Unterschied bestehet darinn, daß der eine diese Gefühle hienieden, der andere in einer andern Welt suchet.

Im Jahr 1784 war Schneider, der nunmehr als Mönch seinen Namen Johann Georg mit Eulogius vertauschte, welchen Namen er auch dann beibehielt, als er die Zelle und das Mönchthum verlassen hatte, zu eben der Zeit in Bamberg, wo eine fürchterliche Ueberschwemmung dieser Stadt einen unersezlichen Schaden zufügte; er konnte das Versemachen noch nicht vergessen, ob es ihm gleich bisher wenig Nuzzen gebracht, vielmehr manchen Verdruß zugezogen hatte, welchen er vermieden haben würde, wenn es ihm möglich gewesen wäre, seine Leier oder Harfe an der Wand bestäuben zu lassen: er machte also auch hinter den finstern Mauern des Klosters in seiner engen Zelle manche schöne Gelegenheitsgedichte, aber vermutlich auch manche poetische Mißgeburt.

Bei dieser Ueberschwemmung zeigten sich so viele Menschenfreunde, die Baronen und Domkapitularen von Schaumberg, Bubenhofen,

Guttenberg u. a. m. Schneider besang dieſe und die Wirkungen der Fluthen in einer ſehr rührenden Ode. Allein ſeine Mitmönche und Obern wollten ſie unterdrükt haben, aus Neid, weil ihre gemeine Seelen keiner ſolchen Empfindungen, keines ſolchen erhabenen Schwunges fähig waren, doch da Schneider dieſelbe ſchon einigen ſeiner Freunde in der Stadt mitgetheilet hatte, ſo wurde ſie ohne ſein Wiſſen, zum Druke befördert. Das ärgerte die Mönche ungemein, ſie lärmten, ſchimpften und läſterten über ihren Kollegen, der ſeine Glükſeeligkeit nicht wie ſie, in ein müſſiges, faules Leben und Schwelgen ſetzen wollte, ſondern edlere Bedürfniſſe hatte.

Hier nahm des guten Eulogs Leidensgeschichte unter den Mönchen ~~ſeinen~~ Anfang, dauerte fort, ſo lange er Mönch war, und endigte ſich auch dann nicht, als er aus ihren Klauen war, und wird ſich wahrſcheinlich nur mit ſeinem Tode endigen, — — doch auch dann werden ſie ihm noch Flüche genug ſtatt der Seegenswünſche nachſchiken, denn Mönchenhaß iſt unverſöhnlich.

Schneiders Orthodoxie war nicht von ſehr langer Dauer: man hatte ihn zum Lektor der jungen Brüder bestimmt, er studirte deswegen die Philosophie mit Eifer, und brachte seinen Schülern vortrefliche Grundsätze bei. Zum Beweise mögen die Thesen dienen, die er als Lektor im Jahre 1786 herausgab: wahrlich eine Klosterphilosophie, die auch auf dem Katheder der ersten Akademie nicht übel lassen würde! Sie mag manchen beschämen, der bei dem Namen einer Mönchsphilosophie sich in eine Klosterszene vom vierzehnten Jahrhunderte versezt, und sich darüber lustig macht Man findet darinn so viel Forschungs- und Prüfungsgeist, so warmen, edeln Haß gegen Bigotterie, Aberglauben und Fanatismus, daß man dem braven Pater Lektor von Herzen gut werden mußte, wenn man sie las.

Schneider studirte auch orientalische Sprachen, und nebst diesen auch die englische, französische und italiänische Wie weit er es in der leztern Sprache gebracht habe, kann man an seiner Uebersetzung des römischen Kirchenjournals sehen, davon er den ersten Band herausgab, nachher aber auf Befehl seiner hohen Obrigkeit davon abstehen mußte. Wie weit er in dem Studium der griechischen Sprache gekommen sei, das mögen die Theologen und Philologen entscheiden, welche die Homilien des Chrysostomus gelesen haben, die er als Hofprediger von Stutgard in Gemeinschaft mit seinem Freunde, dem dermaligen Bibliothekar und Professor Feder zu Wirzburg, mit Anmerkungen und erläuternden Noten in einer guten, teutschen Uebersetzung draken ließ. Ich bin einig mit allen, die das Werk und die treue Uebersetzung lobten, aber ich kann nicht begreifen, warum die beiden Männer, welche doch sicher unter die aufgeklärtesten, katholischen Theologen Teutschlands gehören, die Homilien des Kirchenvaters Chrysostom übersetzen, und selbige allen Volkslehrern als ein Handbuch empfehlen mochten? Chrysostom mag wohl für sein Zeitalter vieles geleistet haben, aber für unsere Zeiten sind viele seiner Vostellungen und Lehren unbrauchbar und lächerlich. Wenn uns der gute Mann überreden will, daß der Teufel mit uns in die Schaubühne gehe, daß er in kein Haus gehe, wo ein Evangelienbuch liege, u. dergl. — wer wird ihm Glauben beimessen? — —

Als Leopold Julius, Herzog von Braunschweig, im Dienste der Menschheit sein Leben ließ, da glühte Eulogs Herz für ihn; er besang ihn in einer vortreflichen Ode, welche aber ohne seinen Namen, unter dem Titel: Ode auf den Rettertod Leopolds von einem Franziskanermönchen: herauskam, damit die Mönche nicht neuen Anlaß zu Verfolgungen nehmen könnten. Ungeachtet dieser Vorsorge blieb der Verdacht auf ihm als dem Verfasser, und von Seiten seiner falschen Brüder wurde nichts unterlassen, was beitragen konnte, sein Leben zu vergällen.

Am Festtage der heiligen Katharina trug man Schneidern auf, eine Ehrenpredigt zu halten: er nahm den Auftrag an, erfüllte ihn aber gar nicht nach dem Wunsche der Mönche, und predigte über die christliche Toleranz. Nachdem er zuerst das fromme Mährchen von dem Streite der heiligen Katharina mit fünfzig heidnischen Philosophen, und ihres glorreichen Sieges über dieselbe widerlegt, und die ächte Geschichte kurz erzählt hatte, entwikelte er die Begriffe von politischer und christlicher Toleranz, und gab den Unterschied zwischen Toleranz und Indifferentismus sehr genau an. Jeder Bürger der Stadt Augsburg gab ihm vollen Beifall, wenn anders ihr Kopf von der Ortho=

doxie

dorie nicht verschroben war; besonders erwarb sich Schneider durch diese vortrefliche Rede, welche nachher zu Stutgard im Druke erschien, die Achtung, Freundschaft und Liebe der Protestanten, sie zogen ihn in ihre freundschaftlichen Zirkel, und suchten ihn gegen die Verfolgungen seiner Brüder schadlos zu halten.

Wirklich fiengen auch die Mönche an, den sogenannten Ketzer und Freigeist auf alle mögliche Art zu peinigen. Sie riefen die Jesuiten in der Stadt auf, mit ihnen das Holz zum Scheiterhaufen zu tragen, auf welchem der tolerante Pater Lektor lebendig gebraten werden sollte. Die Jesuiten, besonders die Verfasser der **Kritik über Kritiker, Rezensenten und Brochürenmacher**, die es sich einmal zum ewigen, unverbrüchlichen Gesetze gemacht haben, jeden, der nicht zu ihrer Fahne schwören will, sei er, wer er wolle, zu verketzern und zu lästern, die sich nicht schämen, die angesehensten, verdienstvollesten, katholischen und protestantischen Theologen zu mishandeln; die Herren Merz, Jahn, Zeiler, Zallinger, Zich, — zu denen noch ein ehrbarer Tabaksfabrikant und ein Paar geistliche Gehülfen gehören — diese

Herren (die, was Gründlichkeit, feinen Scherz, satirische Laune, Urbanität und Artigkeit betrift, in unserm teutschen Vaterlande ihres Gleichen nicht haben, und einzig in ihrer Art sind) fielen nun auch über Schneiders unschuldige Predigt her, nennten ihn, nachdem sie nach ihrer löblichen Weise eine Reihe sogenannter Ketzereien, die nicht im Texte standen, heraus exegisiret hatten, einen Heiligenstürmer, Gottesläfterer — und brachten unter dem leichtgläubigen, katholischen Häuflein eine Art von Gährung hervor, schrieben Widerlegungen der Predigt und Pasquille gegen den Verfasser, gebehrdeten sich, wie sie sich allezeit gebehrden, wenn jemand Vernunft und Aufklärung predigt.

Man denke sich des lieben Eulogs Lage; wo er hin schaute, Mitmenschen (wenn ich Leute so nennen darf, die alle Gefühle verläugnet haben) die sein Verdammungsurtheil im Munde führten. Wir lachen, wenn wir von des einfältigen Kapuziners, des Pater Martin von Kochem, Beschreibung der Hölle lesen, so fürchterlich, so schauervoll kömmt sie uns vor: ich glaube, er habe das Bild dazu von einem Kloster entlehnt, das für einen ehrlichen, vernünftigen Mann eine wahre Hölle ist.

Doch, die Vorsehung wacht über die Schiksale der Menschen, wenn wir glauben am Abgrunde, am unvermeidlichen Abgrunde zu seyn, da leitet sie uns auf den angenehmsten Pfad zurüke. Schneider hatte geglaubt, sein junges Leben unter seinen ewigen Peinigern vertrauern zu müssen, allein nun nahte der Tag seiner einstweiligen Erlösung. Der kurfürstlich-trierische Stattahlter zu Dillingen und Weihbischof von Augsburg, Baron von Umgelter, nahm ihn unter seinen Schutz: als er ihn näher kennen gelernt, und an ihm vorzügliche Talente zum Redner und Philosophen, und eine umfassende Menschenliebe gefunden hatte, so empfahl er ihn bei Gelegenheit dem regierenden Herzoge von Würtemberg, der ihn auch wirklich zum Hofprediger annahm, und für die Zeit, wo er ihm dienen würde, vom Orden dispensiren ließ.

―――

Schneider Hofprediger zu Stutgard.

Schneider sah sich nun, wenigstens auf einige Jahre, aus den Klauen der Mönche und

Jeſuiten; er reißte daher mit innigſtem Vergnügen aus ſeinem Kloſter ab, jedoch, wenn er ſich den Gedanken dachte, der Herzog möge ihn einmal wieder entlaſſen, und dann müſſe er wieder zu ſeinen hämiſchen Brüdern zurükwandern, — wurde ſein Vergnügen ziemlich verbittert.

Die lezten Dinge, ſagt Chriſtus im Evangelium, ſind ärger, als die erſten.

Zu Stutgard fand er würdige Kollegen; er fand einen Werkmeiſter, deſſen ſanfte, tugendhafte Seele eben ſo ſchäzbar ihm ſeyn mußte, als ſeine ausgebreitete, theologiſche Gelehrſamkeit dem litterariſchen Publikum es iſt. Er bekam freien, ungehinderten Zutritt in die merkwürdigſten Häuſer der Stadt; die angeſehenſten Familien wetteiferten, den neuen Herrn Hofprediger an ſich zu loken; ſie hatten vorher, da ſie von ſeinen Schikſalen gehört hatten, ihn ſehr bedauert, nun ſtrebten ſie, ſein jetziges Leben ihm deſto mehr zu verſüßen.

Schneider gab ſich alle Mühe dem Herzoge durch ſeine Predigten einen hohen Begriff von ſeiner Perſon beizubringen, und dadurch ſeine Stelle ſich dauernd zu machen. Allein damit wollte es ihm nicht gelingen, der Herzog fand an jeder Predigt etwas zu tadeln. Warum? das will und kann ich nicht entscheiden; vielleicht weil der Herr Hofprediger ihm mehr die Pflichten, als die Rechte des Fürsten vorhielt. Schneider hat nachher zehn seiner Predigten zu Breslau drucken lassen, eben jene, womit der Herzog am wenigsten zufrieden war, und die gelehrten Zeitungen und Journale nannten sie ein Meisterwerk, und den Verfasser einen der ersten Redner des katholischen Teutschlandes. Der Geschmak der Herrn Rezensenten muß also von dem Geschmake des Herzogs ganz verschieden seyn!

Schneider verwendete sein ansehnliches Gehalt, das er als Hofprediger bezog, sehr edel; sein Vater und seine Geschwister waren ganz verarmt: er machte also seine Jugendfehler wieder gut, indem er die verpfändeten Güter nach und nach, soviel ihm möglich war, wieder einlöste; er fuhr in diesem wohlthätigen, freilich auch pflichtmäßigen Werke fort, auch da er zu Bonn wohnte, und auch jezt, da sein Vater todt ist, zeigt er sich seinen Geschwistern als Bruder. Gewiß ein vortreflicher Zug in seinem Karakter, der alle seine Mängel und Jugendsünden zudekt!

Eben als er am Hofe lebte, forderte sein Freund, der Pfarrer Brunner in Tiefenbach, mitleidige Menschen um Hülfe für seine Pfarrkinder auf, denen das Feuer ihr Eigenthum verzehrt hatte. Schneider sammelte eine beträchtliche Summe, um die Thränen der Unglüklichen zu troknen. Ach! der edle Mann! Erröthet ihr, seine Feinde und Verläumder? Greift in euern Busen, zeigt solche Thaten auf, ihr hämische Insekten! — oder schweigt! — —

Kaum war Schneider zwei Jahre zu Stutgard, so dachte er auf allerhand Wege, einen andern beständigen Posten in einem andern Lande zu bekommen, weil er sah, daß es ihm unmöglich sei, die Gunst des Herzogs, der einmal ganz gegen ihn eingenommen war, zu gewinnen. Lange war sein Bestreben umsonst: das dritte Jahr nahte schon, und noch keine Aussicht, noch immer die unsichere Gnade des Herzogs! Das mag ihm wohl manche Nacht schlaflos gemacht haben.

Sein Landsmann und Freund Doktor Thaddäus Dereser, damaliger Professor der Schriftexegese auf der Universität zu Bonn, hatte ihm seine freundschaftliche Verwendung

versprochen, er empfahl ihn auch wirklich dem
Kurator der Universität und Kammerpräsiden-
ten Baron von Spiegel zum Diesenberg.
Dieser aufgeklärte Minister empfahl ihn dem
Kurfürsten Maximilian, dem Freunde des
Lichtes und der Wahrheit. Dieser erleuchtete
Fürst, der schon mehrere Ausländer nach
Bonn gerufen hatte, um die neu gegründete
Universität in Aufnahme zu bringen, zeigte sich
nicht abgeneigt, Schneidern als Professor
nach Bonn zu berufen.

Schneider war bei der Nachricht, daß zu
Bonn ein günstiger Wind für ihn wehe, ganz
vor Freude außer sich, er munterte noch ein=
mal seine Freunde auf, den Augenblik nicht
zu versäumen, der auf sein künftiges Leben so
großen, so wichtigen Einfluß haben könnte,
und als endlich die bestätigte Nachricht von
seiner Bestimmung zu einer Professur einlief,
dann beurlaubte er sich hastig beim Herzoge,
bei seinen Freunden und Kollegen, und eilte
seinem Glüke zu.

Er kam zu Bonn im Frühlinge des Jahres
1789 an, und wurde als Professor der griechi=
schen Sprache und der Grammatik am Gymnasium angestelt. Sein gnädigster Kurfürst be=

freite ihn auch von den Banden des Mönchsthums, und ließ ihn durch den Pabst vom Orden lossprechen. Aufgelößt von seinen sklavischen Banden fieng er an, mit Muth seine neue Bahn fortzuwandeln: er predigte Aufklärung, wo er nur hin kam; es war ihm gleich viel, ob seine Zuhörer Männer, Jünglinge oder Kinder waren. Seine Freunde und die Professoren der Universität mahnten ihn, doch nicht die Rolle eines gewaltsamen Reformators zu spielen, und dadurch auch sie zugleich verdächtig zu machen, da sie bisher im Stillen gearbeitet und aufgeklärt hätten.

Allein Schneider hörte sie nicht. —
Maximilian hatte die ächten Grundsätze der Aufklärung, und eben so, wie er, dachte sein erster Minister Baron von Waldenfels. Sie wußten, daß die Schüler schneller, unzeitiger Aufklärung zwar das Gängelband, woran sie bisher geführt wurden, verachten lernen, aber nicht fähig genug sind, um allein gehen zu können, daß sie also unnütze, und indem sie so manchen ihrer Brüder überredeten, die wohlthätige Krüke, welche sie bisher unterstüzte, hinweg zu werfen, auch dem Staate gefährliche Bürger werden. Der Fürst ließ also den

Reformator Eulog zu sich kommen, warnte ihn, bat ihn, nicht jeden seiner Gedanken dem Publikum zum Kraine zu tragen, und den Kindern keine unverdauliche Speisen aufzutischen.

Allein auch des Fürsten Warnen und Bitten war vergebens! er hatte tauben Ohren gepredigt, denn Schneider äusserte seine religiöse und politische Meinungen, wie zuvor, vielleicht noch mit mehr Dreistigkeit. Seine Zöglinge hörten ihn gerne, sie faßten gierig auf, was er sagte — und schwärmten nach. Sie fiengen an, überall ihr bischen Witz an Rügung der Mißbräuche, Verachtung der Mönche, u. s. w. zu zeigen; es kitzelte die Knaben in ihrem Eigendünkel weiter zu sehen, als alte, graue Männer sahen: sie sahen den Balken in den Augen anderer Leute, lachten darüber, und dachten nicht, daß sie eben so belachenswerth seien. Sie wollten jedem, der ihnen widersprach, handgreiflich demonstriren, daß er blind sei, und am Narrenseile herumgeführt werde: sie machten lächerlich, was dem gemeinen Manne verehrungswürdig ist, und wußten nicht, — die unbärtigen Reformatoren! — daß der Mensch von gemeinem Schlage glüklich bei seinem Wahne, bei seinen Irrthümern ist, daß er seine Meinungen und Vorurtheile, wie das Kind seine Puppe liebt, und daß man sie erst dann wegstehlen darf, wenn man ihm bessere Begriffe untergeschoben hat: so wie man dem Kinde erst dann seine Puppe zu nehmen pflegt, wenn es reifer geworden ist, und selbst sie zu verachten gelernt hat.

Dieses Betragen der Schüler brachte es dahin, daß man aufmerksam auf ihren Lehrer wurde, und doch hütete sich Schneider nicht; er gab seine Gedichte heraus. Ich will nichts davon reden, wie viele Stükchen in dieser Sammlung sich befinden, die gar kein poetisches Verdienst haben, viele, die ganz unter der Würde des Verfassers sind: Unbesonnenheit war es doch gewiß, daß er dergleichen freie Gedichte unter einem katholischen, so finstern Himmel druken ließ. Hätte es nicht die Klugheit gefodert, daß er, noch vielmehr als ein Priester, die Schwachen geschonet, und den Schurken keinen Anlaß gegeben hätte, so ganz unter dem Scheine Rechtens ihr Gift auszuspeien?

Die Bonnische Universität hatte gleich bei ihrer Entstehung viele und wichtige Feinde, aber sie lebten im Dunkeln: nun, als

Schneider seine Gedichte herausgegeben hatte, da brachen sie hervor und nahmen die Larve ab: gaben sich alle Mühe, die Wuth des hochwürdigen und profanen, gelehrten und ungelehrten Pöbels anzufachen und zu unterhalten. Sie stellten dem gläubigen Völklein die Universität zu Bonn als eine Schule des Irrthums und der Boßheit vor, die Stadt als ein neues Sodoma, welches bald mit Feuer und Schwefel werde vertilget werden. Um sich gegen die Anfechtungen und Versuchungen des Bonnischen Satanas zu verwahren, erfand ein Doktor der Theologie und Domherr zu Köln ein besonderes Weihwasser, womit man sich fleißig besprengen mußte. Aeltern, welche Söhne auf der Universität hatten, heulten und seufzten über die armen Seelen ihrer Söhne, verfluchten die Aufklärer, und wünschten sie samt und sonders, je eher, desto lieber, auf dem Scheiterhaufen zur Ehre Gottes und der allein seeligmachenden Kirche verbrennen zu sehen.

Mitlerweile starb Germaniens Kaiser, der unsterbliche Joseph II. So wie man in allen Provinzen des Reichs das Andenken des verewigten Monarchen feierte, so machte auch das Reichskammergericht zu Wetzlar

Anstalten zum Trauerfeste, und lud den Helden unserer Geschichte ein, die feierliche Rede dabei zu halten. Schneider übernahm diesen ehrenvollen Antrag, reißte nach Wetzlar, und erfüllte durch eine sehr schöne Rede die Erwartungen derer, die ihn gerufen hatten. Ehe er noch nach Bonn zurükgekehrt war, wurden in Bonn und Köln seine Gedichte unter schwerer Strafe verboten. Ohne Vorwissen des Rektors und Kurators der Universität erschienen auf einmal in Bonn zween Examinatores synodales von Köln, welche die Kandidaten des Professors Schneider katechisirten und ausforschten, und um ja die verderblichen Wahrheiten alle, groß und klein zu erfahren, blieb kein altes Mütterchen, bei dem ein Kandidat wohnte, ungefragt. Allein ungeachtet alles Examinirens und Exorzisirens wollten sich weder Ketzereien, noch Teufel zeigen. Das Holz zum Scheiterhaufen schien also umsonst zusammengetragen worden zu seyn. Man mußte sich daher an den Professor selbst wenden, der inzwischen wieder angekommen war.

Die hochwürdigen Examinatoren kamen daher zusammen, und legten ihm die im Protokolle aufgezeichneten Fragen vor, die er in vier Stunden stehend beantworten mußte.

Protokoll.

Donnerstags den 22 April wurde Professor Schneider vorgeladen, und antwortete auf folgende Fragen:

I. Wahr, daß P. Schneider seine Schüler in Illuminaten und Erjesuiten einzutheilen die Absicht hatte?

Antwort: Professor Schneider war selbst nie weder Illuminat noch Jesuit, hält es auch mit keinem von beiden, sondern bekennet sich einzig als Schüler des Evangeliums Jesu Christi, und hatte stets die Absicht, die Wahrheit und Heiligkeit desselben auch seinen Schülern ans Herz zu legen. Daraus läßt sich schließen, daß ihm ein so unvernünftiger Gedanke, wie der in der Frage bemerkte ist, nicht einmal im Traume je beigefallen sei. Wohl aber erinnert er sich von seinen Schülern einst gehört zu haben, daß man in der Stadt ein so elendes Gerücht verbreite, worauf er sie zur Einigkeit in Handlungen und Gesinnungen aufs neue ermahnte.

II. Wahr, daß Professor Schneider gelehrt habe, der Rosenkranz sei für die jetzigen aufgeklärten Zeiten nicht passend, und komme nur denjenigen zu, welche in einem Gebetbuche zu beten, oder eigene Betrachtungen anzustellen nicht fähig wären?

Antwort. Der Rosenkranz war nie der Gegenstand des öffentlichen Religionsunterrichtes in der Schule des Befragten. Hätte er die Meinung, von welcher hier die Rede ist, gehabt, und seinen Schülern, die doch einst denkende Männer werden sollen, mitgetheilt, so würde er nichts unverantwortliches gethan haben; aber wie gesagt: es war nie ausdrüklich die Rede davon, nämlich vom Rosenkranze, sondern im Vorübergehen äusserte P. S. folgendes: „wenn Jemand im Rosenkranzbeten Kraft und Ermunterung zur Tugend findet, welches der Hauptzwek alles Gebetes ist, so mag er ihn beten: ich meines Orts ziehe zwekmäßige, von christlichen Philosophen verfaßte Gebetbücher dem Rosenkranze vor, welcher so leicht in einen sinnlosen Mechanismus ausartet."

III. Wahr, daß P. S. den Palmgarten und andere ähnliche Gebetbücher (vermutlich meinen die Herrn den Himmelsschlüssel, das Myrrhengärtlein, den Rosenbusch ꝛc.) als nicht moralisch verworfen habe?

Antwort. Befragter weiß sich von einem nicht moralischen Gebetbuche keinen Begriff zu machen; es müßte denn ein solches darunter verstanden werden, welches zu wenig lehrreiches für das praktische Leben, zu viel unbegreifliches für den Verstand unvollendeter Jünglinge, wie zum Beispiele schwere Psalmen, über deren Sinn die Schriftausleger selbst nicht einig sind, oder auch unverbürgte, zu keinen richtigen, mit der Kultur unseres Zeitalters im Verhältniß stehenden, moralischen Grundsätzen führende Legenden enthielte. In wie ferne nun das Palmetum cbleste und dergleichen Gebetbücher in dieser Rüksicht moralisch oder nicht moralisch genennt zu werden verdienen, hat P. S. nie untersucht oder bestimmt, sondern seinen Schülern lediglich das in ganz Teutschland mit allgemeinem, und, wie er glaubt, verdientem Beifalle aufgenommene Gesangbuch der herzoglich-würtembergischen katholischen Hofkapelle zu Stutgard empfohlen.

IV. Wahr, daß P. S. seinen Schülern betheuert habe, es existire kein einziger brauchbarer Katechismus?

Antwort. Befragter weiß sich einer solchen ausdrüklichen Behauptung eben nicht zu entſinnen, hält es aber mit den Aeuſſerungen und Wünſchen Seiner Kurfürſtlichen Gnaden zu Mainz, welche zur Verfertigung eines beſ=ſern katholiſchen Katechismus bereits kräftige und landesväterliche Anſtalten machen. Uebri=gens hat P. S., wenn er einen der vorhande=nen Katechismen tadelte, nicht den Inhalt deſſelben verworfen, ſondern nur geglaubt, er könne aus Mangel geſunder Katechetik und Eregetik einem denkenden Lehrer nicht zum Leitfaden ſeines Unterrichts dienen.

Dies fühlte Befragter ſchon zu Stutgard, wo er drei Jahre lang unter den Augen des Herzogs den dort ſtudirenden Prinzen und Grafen die Grundſätze unſerer allerheiligſten Religion unbeſcholten vortrug. Auch war es nicht Liebe zur Gemächlichkeit, welche ihn be=ſtimmte, in den wenigen Augenbliken, die ihm von ſeinen Berufsarbeiten übrig blieben, ein eigenes Handbuch zum Unterrichte zu verfer=tigen.

V. Wahr, daß P. S. ſeinen Schülern das tägliche Meſſehören wegen daraus entſtehen=den Abganges der Andacht misrathen habe, mit dem Beiſatze, eine Predigt ſei beſſer, als eine Meſſe?

Antwort.

Antwort. Prof. S. hat zween seiner Schüler, welche sich im täglichen Besuche der heiligen Messe saumseelig bezeigt hatten, zweimal die Strafe des Hausarrestes zuerkannt, namentlich den zween Studenten Alef. und Steinhaus; daraus läßt sich schließen, in wie ferne die gemachte Frage bejahet oder verneinet werden müsse. Befragter erinnert sich nicht den Zusaz gesagt zu haben, hält aber allerdings eine vernünftige Predigt für besser, als eine mechanisch angehörte Messe.

VI. Wahr, daß P. S. gesagt habe, das tägliche Messelesen der Priester sei eine Erfindung derselben, sich Geld zu machen?

Antwort. Befragter weiß sich einer solchen Aeusserung nicht zu entsinnen, erbietet sich aber seine Worte, wenn ihm diese getreu wiederholt werden sollten, bestimmt und gewissenhaft zu erklären.

VII. Wahr, daß P. S. bei Gelegenheit des zu den Kranken getragenen höchsten Guts zu seinen Schülern gesagt habe: der Exjesuit Metternich (Pfarrer zum heiligen Remigius in Bonn) läuft immer mit dem Ding vorbei, es scheinet, als wolle er uns zum Beß-

ten haben; mit dem Beisatze, seine Schüler
möchten fernerhin nur sitzen bleiben, man
könne Gott auch im Herzen verehren?

Antwort: P. S. würde sichs selbst nie ver-
zeihen, wenn er sich je eines solchen abscheuli-
chen Ausdrukes bedienet hätte, noch dazu in
Gegenwart unreifer Jünglinge. Wohl aber
hat derselbe bei bemerkter Gelegenheit einst
seinen Schülern gesagt, sie möchten wegen
des großen Lärmens, der allezeit entstünde, in
Zukunft nur sitzen bleiben, Gott würde ihren
Eifer, sich zu guten und weisen Menschen zu
bilden, als die wohlgefälligste Anbetung beloh-
nen. Auch pflegen die höheren Schulen bei
dergleichen Veranlassungen nicht niederzuknien.
Uebrigens hat Schneider, wenn ihm das Ve-
nerabile auf dem Markte oder sonst auf offe-
ner Straße begegnete, immer im Zirkel seiner
ihn begleitenden Schüler sich niedergekniet
und ans Herz geklopft, wie andere katholische
Christen.

VIII. Wahr, daß P. S. gesagt habe, jeder
Mensch könne in seiner Religion seelig werden, wenn er nach seiner Ueberzeugung
darinn lebe?

Antwort. Ja, wenn anders ein ſolcher Menſch immer die Wahrheit aufrichtig ſucht, und bereit iſt, den erkannten Irrthum abzulegen.

IX. Wahr, daß P. S. die Verehrung der Heiligen vor ſeinen Schülern geringſchätzig gemacht habe?

Antwort. P. S. iſt ſich keines Ausdrukes bewußt, wodurch er die Nachahmung tugendhafter Menſchen, und das gerechte Lob, welches ſchönen Handlungen gebührt, beſtritten habe; übrigens hat derſelbe die ſchiefen, in erzbiſchöflichen und biſchöflichen Hirtenbriefen ſchon oft widerlegten Vorſtellungen, welche ſich gemeine Leute vom Himmel als einem Hofſtaate machen, auch ſeines Orts gerügt.

X. Wahr, daß P. S. die Heiligen Franz Xaver und Aloiſius als Exjeſuiten, und leztteren, weil er ſeine Mutter nicht angeſehen, als einen Dummkopf lächerlich gemacht hat?

Antwort. P. S. ſtudirte ſelbſt bei den Jeſuiten, und erinnert ſich noch lebhaft, daß ihm das ewige Wiederkäuen der Jeſuitenlegenden ſchon als Kind äufferſt misfiel; dieſen Unfug wird er dann, wenn er je davon ſprach, bei seinen Schülern getadelt haben, besonders wenn man die lehrreichern und zuverläßigern Beispiele der heiligen Schrift darüber vergißt. Was den lezten Punkt angehet, so hat er die mehr bewunderungswürdige, als nachahmungswerthe Enthaltsamkeit der Augen, welche der heilige Aloisius ausgeübt haben soll, nicht der Eigenschaft eines Dummkopfs (solche Ausdrüke erlauben sich nicht einmal seine Studenten gegen ihres Gleichen) sondern einer frommen Einfalt zugeschrieben.

XI. Wahr, daß P. S. die Heiligen Augustinus und Hieronimus, als Patronen der Läuse und Flöhe lächerlich gemacht habe?

Antwort. Ist grundfalsch.

XII. Wahr, daß P. S. die heiligen Reliquien, als von den Römern verkaufte Knochen verachtet habe?

Antwort. P. S. weiß sich nicht zu erinnern, ausdrüklich von den Reliquien gehandelt zu haben; übrigens ist er nicht der erste, welcher daran zweifelt, ob einer und derselbige Heilige zwei rechte Arme, und zwei linke Beine zugleich haben könne. Ueber den Unfug des Reliquienhandels haben schon lange die einsichtsvollesten und frömmsten Theologen, selbst auf dem Konzilium zu Trient geklagt: was aber die ächten Reliquien der Heiligen betrift, so hält es P. S. mit dem Ausspruche des besagten Kirchenraths.

XIII. Wahr, daß P. S. die Geistlichen, als Müssiggänger dargestellt habe, welche das Fett der Erde verschlingen, mit dem Beisaze: die Franziskaner sollten Strümpfe striken, wenn sie sich nicht anders ernähren könnten?

Antwort. Befragter kennt eine Menge solcher Müssiggänger, so wie er auch eifrige und verdienstvolle Männer aus allen Ständen kennt und hochschäzt. Was den Beisaz betrift, erinnere er sich nicht, ihn in Formalibus gesagt zu haben, hält aber übrigens dafür, jede Art von Handarbeit sei ein anständigeres und moralisch besseres Mittel sich zu ernähren, als das Betteln.

XIV. Wahr, daß P. S. öffentlich gesagt habe, es sei in vieler Rüksicht besser, daß der Zölibat der Geistlichkeit aufgehoben würde, die höheren Geistlichen würden alsdann weniger Aergerniß geben?

Antwort. Die Ausschweifungen der höhern Geistlichkeit sind schon oft der Gegenstand der öffentlichen Satire gewesen, und selbst der Pöbel trägt sich mit der Chronique scandaleuse solcher Männer, welche die ersten Aemter in der Kirche begleiten. Da nun einsmal des P. S. Studenten etwas ähnliches in der Schule murmelten, so sagte er seufzend: möchte doch einmal die Kirche den Geistlichen eine Last abnehmen, unter welcher so viele erliegen! Hierauf sezte er hinzu: wenn der Embser Kongreß einst in allen seinen Punkten zur Vollstrekung kommen sollte, so ließe sich auch die Aufhebung des Zölibats, wenigstens für diejenigen, welche den geistlichen Stand verlassen wollten, mit Grund erwarten, doch seien hierüber, soviel S. wüßte, die Meinungen der teutschen Erzbischöfe noch getheilt, am allerspätesten würde ganz gewiß der ehelose Stand der Geistlichen im Kölnischen aufgehoben werden.

XV. Wahr, daß P. S. seinen Schülern den Umgang mit Frauenzimmern angerathen habe, sich zu bilden, und zwar, daß er sich dabei unanständiger Ausdrüke bedienet habe?

(NB. Auf die Frage: was dies für Ausdrüke seien, wurde geantwortet: das Huren sei erlaubt.)

Antwort. Der zweite Theil dieser Frage widerlegt den ersten durch sich selbst, und umgekehrt, der erste den zweiten. P. S. ließ keine Gelegenheit vorbei, seine Schüler von dem Umgange mit solchen Frauenzimmern abzuhalten, deren Stand, Alter und Karakter ihnen gefährlich werden könnten; und hatte dießfalls das Vergnügen, einige derselben, welche sich in den vorigen Schulen Leib und Seel verderblichen Ausschweifungen ergeben hatten, durch seinen freundschaftlichen Zuspruch, und durch die Thränen, die er über ihr Unglük weinte, auf bessere Wege zu bringen.

Er rieth seinen Studenten niemals den Umgang mit dem anderen Geschlechte zu suchen, sondern verlangte nur von ihnen, sie möchten sich, wenn sie einst in die größere Welt eintreten würden, wo ihnen der Umgang mit Frauenzimmern nothwendig werden dürfte, mit keinen, als gebildeten und gesitteten Personen unterhalten: dadurch würden sie sowohl an feiner Lebensart, (wozu die Jesuitenstudenten so wenig angehalten wurden) als an Bered=

lung ihrer moralischen Gefühle vieles gewinnen.

Den zweiten Punkt zu beantworten hält Befragter so lange unter seiner Würde, als ihm keine förmliche Beweise, daß er sich so etwas erlaubt habe, in legitimer Form dargestellt seyn werden.

XVI. Wahr, daß Prof. S. seine Gedichte, oder mehrere derselben in der Schule vorgelesen habe?

Antwort. Allerdings hat P. S. seinen Zuhörern verschiedene von seinen Gedichten, besonders moralischen Inhalts, zum Beispiel: die Ode auf Leopolds Tod, allgemeine Moral, Lehren an meinen Freund, die Ode auf den Kurfürsten, und dergleichen mehr vorgelesen und erklärt. Ob schon Befragter sich keines einzigen unverantwortlichen Ausdrukes in seinen sämtlichen Gedichten (ei! das wäre!) bewußt ist, so wird man ihm doch, als einem öffentlichen Lehrer zutrauen, daß er wisse, was Paulus sagt: multa quidem licent, sed non omnia expediunt, nnd daß er den Ausspruch Christi kenne: non potestis portare modo.

Weil aber das kurfürstliche Kommissorium auf der Voraussetzung beruhet, daß in den Gedichten des P. S. unanständige Ausdrüke wider unsere Religionsgebräuche und die guten Sitten enthalten seien, — so ersucht besagter Professor eine hochlöbliche Kommission bei Seiner kurfürstlichen Durchlaucht die unterthänigste Vorstellung dahin zu machen, Höchstdieselben wollen die berührten Ausdrüke durch Männer von Geschmak, Einsicht, Moralität, feiner Welt und Unpartheilichkeit dem Verfasser bestimmt namhaft machen lassen, damit derselbe sie entweder öffentlich zurüknehmen, oder doch öffentlich zu vertheidigen in den Stand gesezt werde.

XVII. Wahr, daß P. S. öfters Vorträge vom heiligen Sakramente des Altars in seiner Schule gemacht habe?

Antwort. Ja.

XVIII. Wahr, daß er gelehret habe, dasselbe sei nur ein Liebesmal, und was es nützen sollte, wenn Gott so oft vom Himmel herabstiege?

Antwort. Nein. P. S. erbietet sich durch ein öffentliches Examen mit seinen Schülern darzuthun, daß es ihm sehr nahe am Herzen liege, denselben vernünftige, mit den Aussprüchen der heiligen Schrift und der katholischen Kirche übereinstimmende Begriffe beizubringen.

Nach verlesenem Protokolle erklärte Prof. S., daß er einzig und allein aus persönlichem Respekte gegen das kurfürstliche Kommissorium sich vor der Kommission gestellet habe, indem derselbigen nicht unbekannt seyn könnte, daß ein im öffentlichen Amte stehender Mann nur alsdann zum Verhöre kann gezogen werden, wenn bestimmte und hinlänglich geeigenschaftete Beschuldigungen wider ihn vorhanden sind. Da ferner P. S. als ein Mitglied des Senatus academici in dem Range eines kurfürstlichen Rathes stehe, so müsse es ihn äusserst befremden, daß die löbliche Kommission ihn, gleich seinen Studenten, stehend abzuhören für gut befunden habe. Die Erlaubniß, sich niederzusetzen, weil er krank sei, hätte er nicht annehmen können, indem ein menschlicher Richter dieselbe einem Delinquenten von der verworfensten Klasse nicht versagen würde.

Ich möchte wissen, welcher vernünftige, nur wenig von Vorurtheilen freie Mann nicht geradezu die meisten dieser Fragen ohne allen Anstand hätte bejahen können, und doch mußte sich Schneider so oft durch lange Deklamationen, durch Umwege, durch Verknüpfung seines Interesse mit dem Ansehen eines Kurfürsten und der teutschen Erzbischöfe aus der Falle ziehen, die ihm die Herren Inquisitoren gelegt hatten.

Die ganze Geschichte endigte sich so:

Die beiden durch eine geheime Kabinetsordre nach Bonn berufenen Examinatores synodales von Köln übergaben das geschlossene Protokoll dem Kurfürsten, verbaten sich das gerichtliche Gutachten, und kehrten nach ihrem Standorte zurük. Die Unkosten, die sich auf zweihundert Reichsthaler beliefen, trug der Kurfürst, schikte den Katzerrichtern ihre Diäten nach, mit einem derben Verweise, daß sie zu einseitig zu Werke gegangen seien.

Schneiders Ankläger, der Hofprediger und Professor der untern Schulen Gareis, (warum nicht auch sein Waffenträger, der Exjesuit und Pastor Metternich?) der auch an einem Pasquille gegen ihn Antheil genommen hatte, wurde verurtheilt, in Gegenwart des Rektor Magnifikus, der vier Fakultäts-Dekane, des akademischen Studiendirektors und zweier Professoren am Gymnasium, dem für unschuldig erklärten Professor feierliche Abbitte zu thun, welches auch wirklich den 22 May geschehen ist.

Schneider selbst erhielt aus dem Kabinette folgende Anweisung:

1. Habe er sich über die Verehrung und Anrufung der Heiligen bestimmter zu erklären, als in dem Protokolle geschehen sei.

2. Habe er sich künftighin an Felbigers Katechismus zu halten.

3. Habe er der täglichen Messe mit seinen Studenten in Person beizuwohnen.

4. Habe er von den Ordensgeistlichen mit mehr Achtung zu sprechen, zumal da sie in den Kölnischen Landen und in der Erzdiözese, wegen der Unthätigkeit der Weltpriester, unentbehrlich wären.

(Ein Geständniß, das den Mönchen im Erzstifte Ehre macht: die jungen Mönche studiren auf der Universität zu Bonn, und zeichnen sich unter allen Kandidaten vorzüglich aus, das beweisen die häufigen gelehrten Dissertationen, welche da von Mönchen vertheidigt wer-

ben: da indeſſen die Zöglinge im Prieſterhauſe
zu Köln ringsumher von wüthigen Orthodoxen
umgeben ſind, welche ihre Vernunft durch alte
dogmatiſche und polemiſche Scharteken zu er-
ſtiken drohen.)

5. Wird ihm mehr Behutſamkeit im öffentlichen Religionsunterrichte anempfohlen: die
Punkte des Embſer Kongreſſes in Hhrſicht auf
den Zölibat ſeien keine Gegenſtände für Klaſ-
ſenſchüler.

(Da hatte der Kurfürſt eben nicht unrecht:
aus unbärtigen Knaben reife Philoſophen,
Theologen und Kanoniſten machen wollen, das
heiße ich einen unnützen, zwekwidrigen Ver-
ſuch.)

Zur Zeit dieſer Inquiſition foderte man auch
den drei Profeſſoren Hedderich, (weil er den
Pabſt nur römiſchen Biſchof nenne) Thaddäus,
(weil er die Schrift verdrehe, und unkatholi-
ſche Auslegungen mache, worüber ſelbſt Proteſtanten ſich verwundert hätten) und van der
Schüren (weil er Feders Lehrbuch, welches
ſelbſt von Proteſtanten für gefährlich gehalten
werde, zum Vorlesbuche brauche) kathegori-
ſche Erklärungen ab.

Schneiders fernere Leiden.

Schneider war nun losgesprochen, und doch hörten seine Feinde nicht auf, zu verläumden, zu pasquilliren. Ich glaube, solche Schmähschriften seien noch niemals, auch in dem roheßen Zeitalter erschienen. Zur Probe will ich ein Fragment aus einem Pasquille des Theodor van den Elsken, Professors zu Düsseldorf, hiehersetzen, worinn sich der Verfasser hinlänglich als einen hämischen, intoleranten, boshaften und äufferst unwissenden Menschen karakterisirte. Der Titel des Pasquilles hieß: *Tenebrae nubesque, quibus jam tribus ab annis coelum Bonnense involutum fuit.*

„Gratulamur vobis (heißt es unter andern) *Schneiderum;* sitis gloria vestra! — ille praeceptor amoris! securra ille! ille religionis et sanctorum contemptor! ille nulla amplius purgabilis Rhyptusa! ille ipso scelere sceleratior."
„— — o bestia! o monstrum! o Priape! quae te porro catholica feret terra? Tu sacerdos? Tu filius Belial, tu spuma Veneris, tu porcus, taurus, canis. Quis non horreat te ad aram ministrum? abi, rogote, abi ad castra Lutheri! non non patimur te....."

Diese Stelle ist nun freilich ganz originell, so wie die ganze Schandschrift: sie hat soviel eigenthümliches, daß ich mir nicht getraue, sie in ihrer ganzen Stärke zu übertragen: ich übersetze sie daher für Leser, die kein Latein verstehen, um auch diesen einen Begriff davon zu geben, nach dem üblichen Sprachgebrauche.

„Liebe Bonner! ich wünsch' euch Glük zu euerm Schneider, ihr könnt euch mit ihm rühmen — er macht euch viel Ehre, der Lotterbub, der Venus-Priester! der Schurke, der über Gott und seine liebe Heiligen (er meint die Jesuiten und Mönche!) lacht und spottet! Jene stinkende Kothlake! jener Bösewicht, der unter allen Lasterhaften der Lasterhafteste ist!"

„ — — o Bestie! o Misgeburt! du Götze der Geilheit! welches katholische Land wird dich noch aufnehmen? Du bist ein Priester? du Abschaum der Venus, du Teufelskind, du Schwein, du Ochs, du Hund! wer muß nicht die Hände über den Kopf zusammenschlagen, wenn er dich am Altare sieht? Geh, ich bitte dich, geh zu den Lutheranern! wir leiden dich nicht mehr....."

Im nämlichen Tone, in eben so barbarischem Lateine erschienen noch unzählige Brothüren. *) Es wäre der Mühe wohl werth, alle die Schandschriften zu sammeln, oder einen kernhaften Auszug davon zu liefern; der Sammler würde sich ein Verdienst um die Geschichte der kölnischen Aufklärung machen! —

Daß Exjesuiten und Mönche schimpften, lästerten und all' ihr Gift ausspien, das kömmt mir ganz natürlich vor, denn diese Leute rüsten sich

---

*) In einigen wurde auch der würdige Vorleser des Kurfürsten, Herr Kanonikus von Wreden, ein Zeuge der Wahrheit, der sich durch vortreffliche Schriften sowohl, als auch durch seinen biedern, sanften Karakter seinen Landsleuten und dem auswärtigen litterarischen Publikum bekannt und verehrungswürdig gemacht hat, mißhandelt. Einer der bübischen Verfasser suchte ihn durch allerlei abscheuliche Lügen, durch Verdächtigmachen seiner Orthodoxie, seiner Sitten und Kenntnisse, zum Gegenstand des allgemeinen Hasses zu machen. Ja, man foderte sogar den Kurfürsten auf, seinen Vorleser zu entlassen, wenn er nicht Roboams Schiksal erfahren wollte!! von Wreden selbst wurde nicht undeutlich mit dem Banne bedrohet! — vermutlich — doch Vermutungen sagen, macht nicht selten verhaßt.

sich vollständig mit Waffen nach ihrer Art aus, wenn ein Feldzug gegen Freigeister, Ketzer, Sozinianer ꝛc. ꝛc. eröfnet wird. Aber, daß auch ein Frauenzimmer ihre Feder gegen Schneider spitzen sollte, das hätte ich nie vermutet, das wäre mir auch im Traume nicht beigefallen.

Jedes Frauenzimmer, das Schneiders Gedichte las, las sie mit inniger Theilnahme; wenigstens haben mir mehrere zur Ehre ihres gefühlvollen Herzens gestanden, daß sie dem guten Eulog oft Segenswünsche zugeschikt hätten, wenn er irgend ein Klaglied anstimmte über sein trauriges Schiksal unter Mönchen, Verräthern und Spionen — und doch schrieb das Fräulein de Clair zu Bonn eine Art Pasquille gegen Schneider. Ob sie es aus Fanatismus, oder aus Freundschaft für Herrn Garcis gethan habe, das will ich nicht entscheiden. Manche ihres Geschlechtes wird sie deswegen billig verachtet oder bemitleidet haben.

Fräulein de Clair bekam vom Kurfürsten einen Verweiß, sie möchte künftighin das Pasquillenschreiben den Orthodoxen, und ihren Miethlingen überlassen, und ihrem Geschlechte keine Schande machen.

———

E

Schneiders leztere Auftritte in Bonn.

Als die Inquisition völlig vorüber war, wurde Schneider von seinen Freunden gewarnet, für die Zukunft behutsam bei Aeusserung seiner Gedanken zu Werke zu gehen: er sei dermal der ihm nahen Gefahr entronnen, und solle sich deswegen keiner neuen aussetzen. Doch, Schneider wandelte auf dem Wege fort, den er einmal eingeschlagen hatte. Einige Monate darauf gab er seinen katechetischen Unterricht in den ersten Grundsätzen des praktischen Christenthums heraus. Der Zensor hatte ihm sein Imprimi permittitur nicht verweigert. Kaum war dieses Büchlein erschienen, so fieng der Lärm von neuem an.

Die Jesuiten und Mönche sammelten ihre Kräfte, um den Katecheten zu widerlegen; sie glaubten, Schneider habe einen vollständigen Religionsunterricht für katholische Schulen schreiben wollen, und warnten das Publikum vor der giftigen Lehre, die unvermeidlich den Tod der Seele nach sich zöge. Gründliche Widerlegung kam mir keine zu Gesichte, desto mehrere elende, schändliche Brochüren las ich, worinn nicht nur Schneider auf alle mögliche

Art geläſtert und mißhandelt wurde, ſondern auch viele giftige Anfälle auf den Embſer Kongreß, auf die Erzbiſchöfe Teutſchlands, auf den Kurfürſten, auf den Baron von Spiegel, auf die Bonniſchen Profeſſoren Hedderich, Thaddäus, van der Schüren, van Scheben, Beker, Jochmaring u. m. enthalten waren.

Schneider hatte eigentlich keinen katholiſchen Katechismus ſchreiben wollen, ſondern nur ein praktiſches Religionshandbuch, eine Moral, getrennt von unnützer Dogmatik; deswegen führte er nur die zu ſeinem Zweke brauchbaren Dogmen, die Exiſtenz Gottes, die Unſterblichkeit der Seele und die göttliche Vorſehung an, und bauete darauf die Lehre von den Pflichten. Dieſer Unterricht mochte wohl ſeinen Nutzen haben, doch kömmt er Bahrdts vortreflichem Handbuche der Moral für den Bürgerſtand bei weitem nicht bei.

Die Domherrn von Köln, deren rühmlichen Eifer für die Ausbreitung des Lichts und der Wahrheit die teutſche Welt ſchon lange kennt, waren auch diesmal beſorgt dafür, daß die Reinigkeit der katholiſchen Lehre beibehalten würde: ſie glaubten, Schneiders Werkchen ſei

E 2

der Religion, zu der sie sich, wie ihre Väter, bekennen, die ihnen so fette Dompräbenden verschaft hatte, zuwider, doch waren sie zu beschreiben, die Sache selbst zu entscheiden, sie schikten daher den berüchtigten, sogenannten Katechismus mehreren theologischen Fakultäten zu, und begehrten gegen baare Bezahlung Responsa.

Die beiden Fakultäten zu Salzburg und Wirzburg fällten darüber ein günstiges Urtheil, und ließen sich ehrlich bezahlen.

Die leztere Fakultät war besonders damit zufrieden, und das konnte man auch von den Doktoren, Oberthür, Roßhirt, Berg, Feder, erwarten. Onimus und Wießner, aus der ehemaligen Gesellschaft Jesu, stimmten jedoch, wahrscheinlich aus allerlei Gründen, dem Urtheile nicht bei; sie hielten, wie böse Leute sagen, für besser, dem hohen Domkapitel ein Kompliment zu machen, und das Geld nicht umsonst abzunehmen.

Als die Responsa angelangt waren, fand man für gut, sie dem Publikum vorzuenthalten, weil sie nicht nach Wunsche ausgefallen waren. So blieb also die Sache, wie sie war, doch drang man darauf, daß Schneiders katechetischer Unterricht verboten werden sollte, und dieses gelang.

Der Zensor, geistliche Rath und Professor Heddrich, der den Druk des Werkes selbst erlaubt hatte, wurde gezwungen, den Buchhändlern den ferneren Verkauf der Exemplarien zu verbieten. Es geschah im November des Jahres 1790. Doch das half wenig, so wenig, wie alle Bücher= verbote helfen: das Werkchen wurde desto gie= riger gesucht und kam in alle Hände. Der Nachdruker Geull veranstaltete eine neue Auf= lage, und befand sich ganz wohl dabei: als er kein Exemplar mehr in Bonn verkaufen konnte, so schikte er sie nach Neuwied und Frankfurt.

Schneiders Gegner sahen wohl ein, daß ihre bisherigen Machinationen fruchtlos und ohne besondere auffallende Wirkung waren: sie schlugen daher, um ihren Zwek zu erreichen, an= dere Wege ein. Der Kurfürst wurde mehr denn einmal mit Klaglibellen gegen die Bonni= sche Universität überhaupt, und insbesondere gegen Schneider gefoltert: er wollte doch ein= mal der unangenehmen Gäste sich entschlagen, und verbot durch eine Kabinetsordre im May des Jahres 1791 den Verkauf des Schneideri= schen Werkchens bei hundert Goldgulden Stra= fe: als Grund dieses unerwarteten Verbotes gab er an, das Werkchen sei wegen Vorbeige=

hung der wichtigsten Religionswahrheiten für
den Katholiken gefährlich.

Dieses Verbot erschien unter andern auch im
Frankfurter Staatsristretto: Schneider ließ
daher in diese Zeitung einen Artikel von Bonn
mit seiner Namensunterschrift in pleno titulo
einrüken. Er erklärte darinn, daß manche Leser
die Ursache und die Entstehung desselben miß-
verstehen könnten. Der Kurfürst habe es, um die
Kölnischen Domherrn zum Schweigen zu bringen, gegeben: dies müsse er um so mehr ver-
muten, da seine Schrift mit erzbischöflicher Zen-
sur gedrukt, und noch dazu von den zween theologischen Fakultäten zu Salzburg und Wirzburg
für orthodox und unschädlich erklärt worden sei.
Was den Grund des Verbots angehe, der in der
Kabinetsordre angegeben sei, so sehe ja Jeder-
mann, der gesunde Augen und unverrükte Vernunft habe, ein, daß er ganz leicht zu widerlegen
sei; selbst der Titel und die Vorrede seines Bu-
ches zeigten zur Genüge die Absicht seines Unter-
nehmens an, und dies sei der einzige Gesichts-
punkt, aus dem man sein Werkchen beurthei-
len könne.

Schneiders freimütige Erklärung in einem
öffentlichen Blatte gefiel dem Kurfürsten nicht.
Am Abende hatte er das Ristretto gelesen, und

am Morgen des andern Tages ließ er den Professor zu sich rufen. Dieser glaubte, er werde nun nach Kölln in die Weidenbach (ins geistliche Zuchthaus) wandern müssen, empfahl sich Gott, und gieng zur bestimmten Stunde zum Fürsten; er traf ihn äusserst unwillig und aufgebracht an, dabei kam ihm seine gewöhnliche Gegenwart des Geistes wohl zu statten. Der Fürst drohte, und sprach in einem sehr ernsthaften Tone: Schneider blieb auch da gelassen, und betrug sich wie ein Mann; ein großes Glük war es für ihn, daß sein Fürst auch die bittersten Wahrheiten hören konnte und wollte. Das Gespräch, sagte man, sei sehr interessant gewesen; ein Beitrag zu Maximilians Karakteristik!

Der Ausgang dieser Audienz war, daß Schneider seine Entlassung zu begehren versprach: der Kurfürst hingegen sagte ihm hundert Karoline und ein volles Jahrgehalt zu. An eben dem Tage noch schikte Schneider seine Bitte um die Entlassung an den Kurfürsten, bediente sich aber in derselben harter Ausdrüke, machte allerlei Vorwürfe, und führte überhaupt die Sprache eines Mannes, der sich nicht fürchtet. Der Kurfürst fühlte sich höchst beleidigt, ließ gleich sein Entlassungsdekret im Kabinette ausfertigen, that aber darinn nicht die geringste Meldung von den hundert Karolinen, die ihm waren versprochen worden. Schneidern befremdete das: er wußte nicht, was er denken sollte, er gieng daher noch einmal nach Hofe, und begehrte Audienz. Der Kurfürst versagte sie ihm. Schneider bat, er möchte ihn nur noch einmal anhören: allein Maximilian, der sonst so kaltblütige, gerechte Fürst, vergaß sich hier, und rief seinen Bedienten zu: führt mir den Pfaffen weg!

Gekränkt von seinem Fürsten, verhöhnt von seinen Feinden, und in Gefahr selbst vom Pöbel mißhandelt zu werden, eilte Schneider nach Hause, verordnete über sein Vermögen, und verließ am Abende die Stadt nicht ohne Thränen. Zwei seiner Schüler begleiteten ihn nach Kassel, (ein halb katholisches, halb reformirtes Dorf, eine halbe Meile von Bonn im Herzogthume Bergen) zum Prediger der reformirten Gemeine, der sein thätiger Freund allezeit war, und ihn auch diesmal mit offenen Armen empfieng.

Mitlerweile besorgte seine Schwester den Verkauf und die Versteigerung seiner Mobilien: sie hatte dabei einen Gehülfen an einem Schüler ihres Bruders. Diesem vertraute Schneider sein ganzes Vermögen an; der junge Mann that, was wenige Freunde im Unglüke thun, und reißte, als er seines Lehrers Habschaft, nebst den hundert Karolinen (die in Schneiders Abwesenheit seine Schwester erpreßt hatte) eingepakt hatte, nach Hachenburg, wohin Schneider sich von Kassel aus geflüchtet hatte. Als sie beisammen waren, der Ritter und sein Schildknappe, beide gleich enthusiastisch für die Freiheit der Neufranken, so traten sie die Reise nach Straßburg per Extrapost an.